AF221752

Impressum
Verlag: BABADADA GmbH, Nedderfeld 112 , 22529 Hamburg
Geschäftsführer / Verlagsleitung: Harald Hof
Druck: Books on Demand GmbH, In de Tarpen 42, 22848 Norderstedt

Imprint
Publisher: BABADADA GmbH, Nedderfeld 112 , 22529 Hamburg, Germany
Managing Director / Publishing direction: Harald Hof
Print: Books on Demand GmbH, In de Tarpen 42, 22848 Norderstedt, Germany

škola
škola

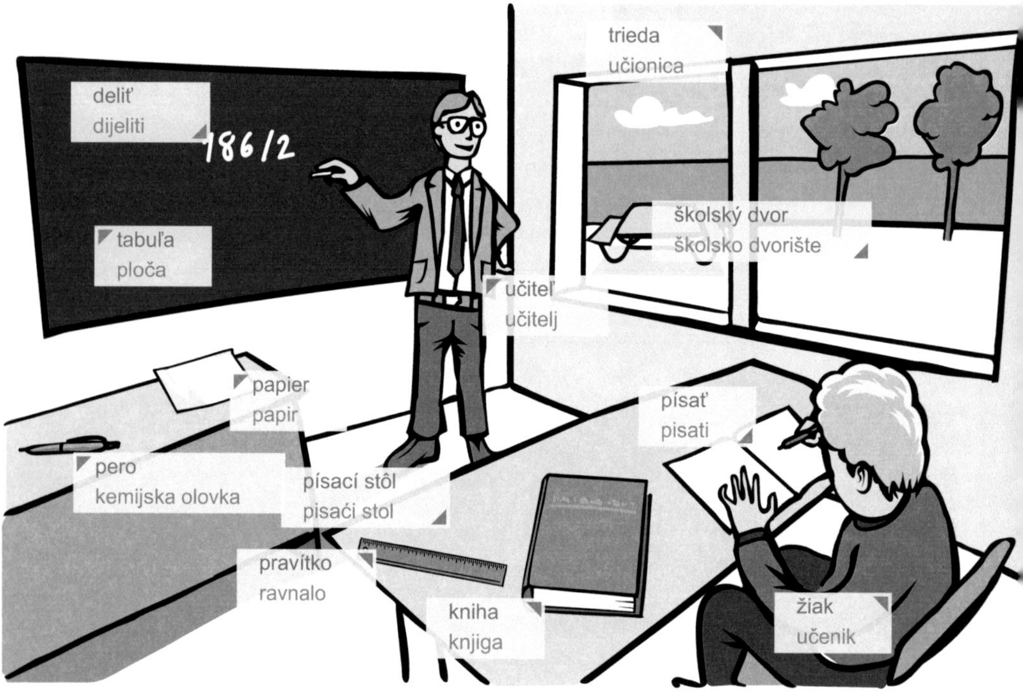

trieda
učionica
deliť
dijeliti
186/2
tabuľa
ploča
školský dvor
školsko dvorište
učiteľ
učitelj
papier
papir
písať
pisati
pero
kemijska olovka
písací stôl
pisaći stol
pravítko
ravnalo
kniha
knjiga
žiak
učenik

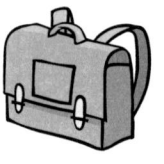

školská taška

torba

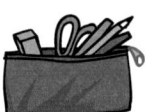

peračník

pernica

ceruza

grafitna olovka

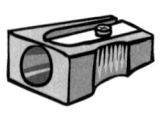

strúhadlo na ceruzky

šiljilo za olovke

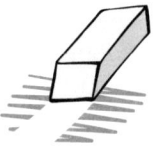

guma

gumica za brisanje

skicár

blok za crtanje

kresba

crtež

štetec

kist

vodové farby

kutija s bojama

nožnice

makaze

lepidlo

ljepilo

cvičný zošit

bilježnica

domáca úloha

domaći zadatak

číslo

broj

2+2

sčítať

sabirati

5-2

odčítať

oduzimati

2×2

násobiť

množiti

počítať

računati

A

písmeno

slovo

ABCDEFG HIJKLMN OPQRSTU VWXYZ

abeceda

abeceda

slovo

riječ

text

tekst

čítať

čitati

krieda

kreda

hodina

sat

triedna kniha

dnevnik

skúška

ispit

certifikát

svjedodžba

školská uniforma

školska uniforma

vzdelanie

obrazovanje

encyklopédia

leksikon

univerzita

sveučilište

mikroskop

mikroskop

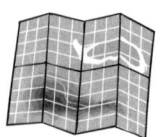

mapa

karta

kôš na papier

košara za papir

hotel
hotel

Grand

nocľaháreň
prenoćište

ROOMS

EXCHANGE

zmenáreň
mjenjačnica

kufor
kofer

auto
auto

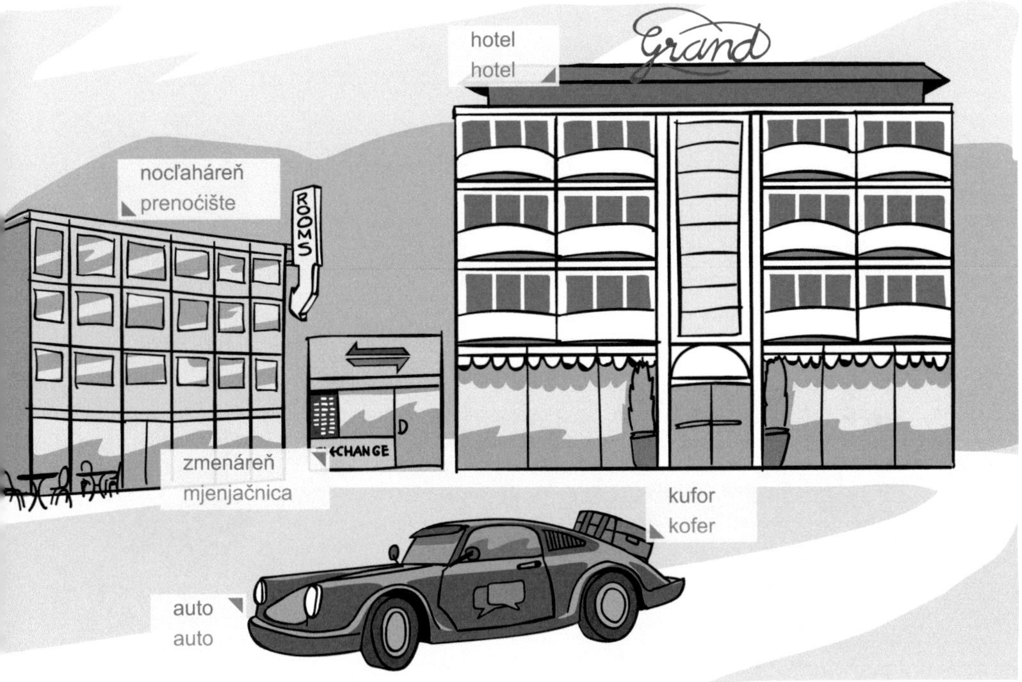

jazyk

jezik

áno/nie

da / ne

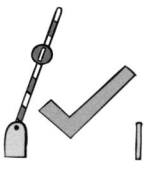

v poriadku

okay

ahoj

zdravo

prekladateľ

prevoditelj

ďakujem

hvala

Koľko stojí ... ?

Koliko košta...?

Nerozumiem

ne razumijem

problém

problem

Dobrý večer!

dobro veče!

Dobré ráno!

Dobro jutro!

Dobrú noc!

Laku noć!

Dovidenia

doviđenja

smer

smjer

batožina

prtljaga

taška

torba

batoh

ruksak

hosť

gost

izba

soba

spacák

vreća za spavanje

stan

šator

informácie pre turistov

turističke informacije

pláž

plaža

kreditná karta

kreditna kartica

raňajky

doručak

obed

ručak

večera

večera

cestovný lístok

karta za vožnju

výťah

dizalo

poštová známka

poštanska markica

hranica

granica

clo

carina

veľvyslanectvo

ambasada

vízum

viza

cestovný pas

putovnica

cesta - putovanje

7

doprava
transport

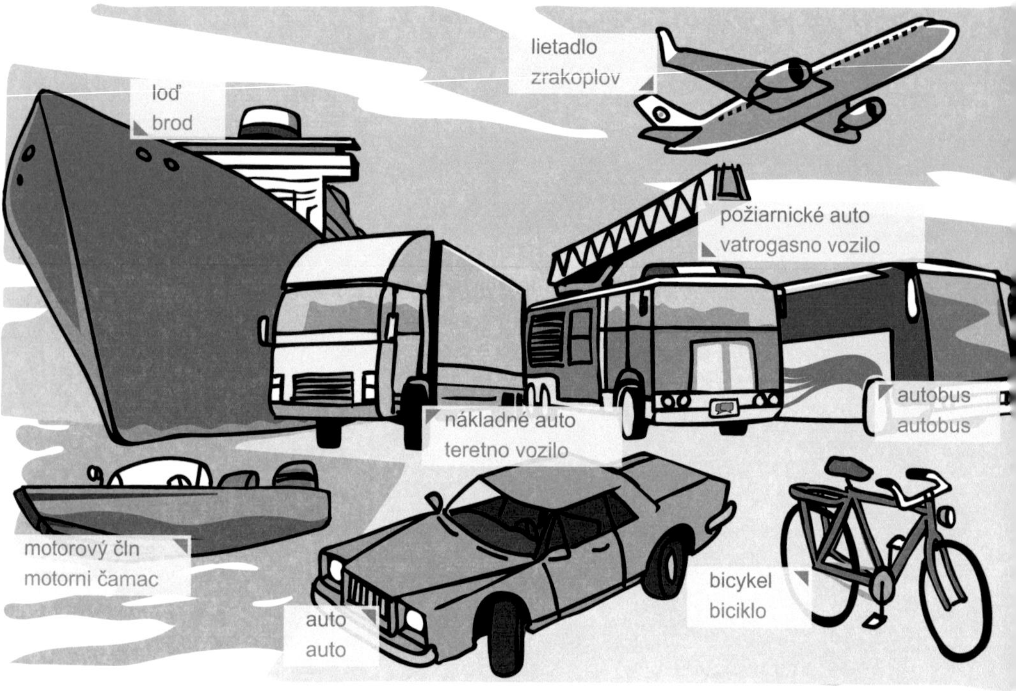

lietadlo
zrakoplov
loď
brod
požiarnické auto
vatrogasno vozilo
autobus
autobus
nákladné auto
teretno vozilo
motorový čln
motorni čamac
bicykel
biciklo
auto
auto

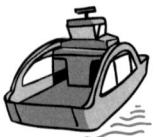

trajekt

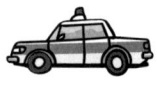

trajekt

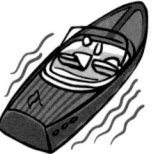

loď

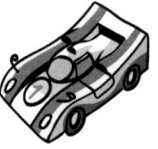

čamac

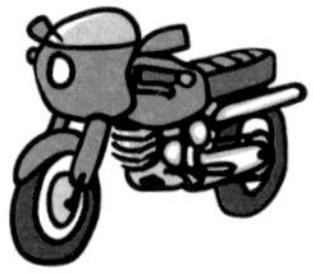

motorka

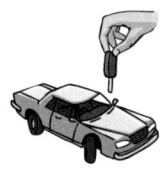

motocikl

policajné auto

policijski auto

pretekárske auto

trkaći auto

vozidlo z požičovne

iznajmljeno auto

carsharing

dijeljenje automobila

odťahové auto

vučno vozilo

smetiarske auto

vozilo za odvoz smeća

motor

motor

benzín

benzin

čerpacia stanica

benzinska postaja

dopravná značka

prometni znak

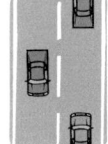

premávka

promet

zápcha

zastoj

parkovisko

parkiralište

vlaková stanica

kolodvor

trate

šine

vlak

vlak

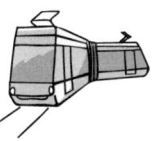

električka

tramvaj

vagón

vagon

helikoptéra

helikopter

letisko

zrakoplovna luka

veža

toranj

pasažier

putnik

kontajner

kontejner

kartón

karton

vozík

kolica

kôš

košara

štartovať / pristáť

uzletjeti / sletjeti

mesto
grad

dedina

selo

centrum mesta

centar grada

dom

kuća

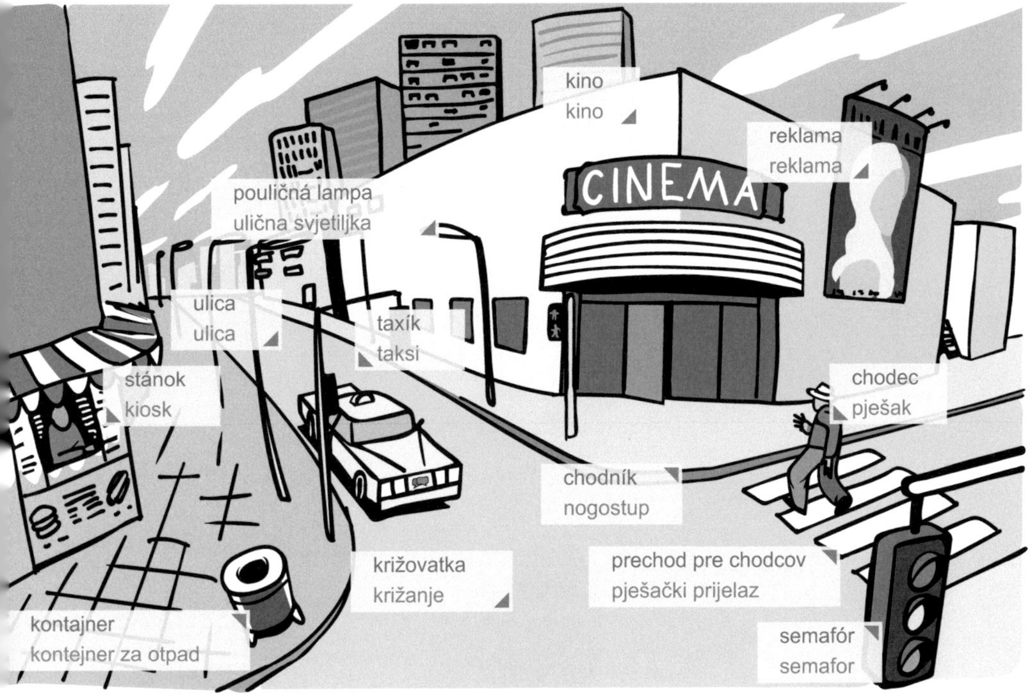

kino
kino

reklama
reklama

pouličná lampa
ulična svjetiljka

CINEMA

ulica
ulica

taxík
taksi

chodec
pješak

stánok
kiosk

chodník
nogostup

križovatka
križanje

prechod pre chodcov
pješački prijelaz

kontajner
kontejner za otpad

semafór
semafor

chata
koliba

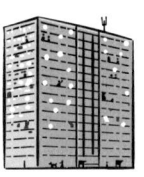

byt
stan

vlaková stanica
kolodvor

radnica
viječnica

múzeum
muzej

škola
škola

mesto - grad

univerzita

sveučilište

banka

banka

nemocnica

bolnica

hotel

hotel

lekáreň

ljekarna

kancelária

ured

kníhkupectvo

knjižara

obchod

prodavaonica

kvetinárstvo

cvjećara

supermarket

supermarket

trh

trg

obchodný dom

robna kuća

obchodník s rybami

ribarnica

nákupné stredisko

trgovački centar

prístav

luka

mesto - grad

park

park

lavička

klupa

most

most

schody

stepenice

metro

podzemna željeznica

tunel

tunel

autobusová zastávka

autobusna stanica

bar

bar

reštaurácia

restoran

poštová schránka

poštansko sanduče

tabuľa s názvom ulice

ulični znak

parkovacie hodiny

parkirni sat

ZOO

zoološki vrt

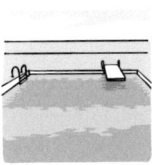

plaváreň

bazen

mešita

džamija

farma
....
seosko gazdinstvo

znečisťovanie životného
prostredia
....
zagađenje okoliša

cintorín
....
groblje

kostol
....
crkva

ihrisko
....
igralište

chrám
....
hram

terén
krajolik

list
list

smerová tabuľa
putokaz

cesta
put

lúka
livada

kameň
kamen

turista
šetač

strom
drvo

rieka
rijeka

tráva
trava

kvet
cvijet

dolina

dolina

kopec

planina

jazero

jezero

les

šuma

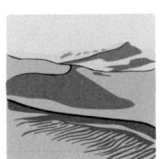

púšť

pustinja

vulkán

vulkan

zámok

dvorac

dúha

duga

hríb

gljiva

palma

palma

komár

moskito

mucha

muha

mravec

mrav

včela

pčela

pavúk

pauk

chrobák

buba

žaba

žaba

veverička

vjeverica

jež

jež

zajac

zec

sova

sova

vták

ptica

labuť

labud

diviak

divlja svinja

jeleň

jelen

los

los

hrádza

nasip

veterná turbína

vjetrenjača

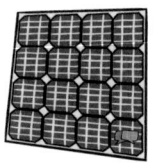

solárny panel

solarna ploča

podnebie

klima

reštaurácia
restoran

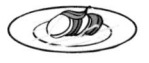

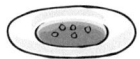

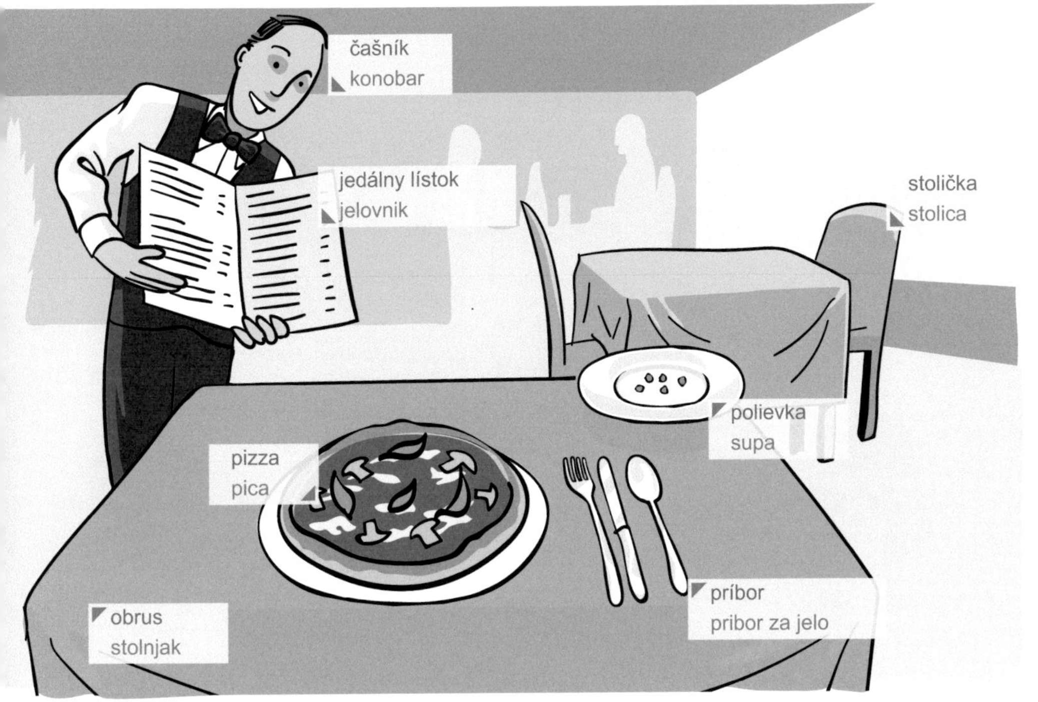

čašník
konobar
jedálny lístok
jelovnik
stolička
stolica
polievka
supa
pizza
pica
príbor
pribor za jelo
obrus
stolnjak

predjedlo

predjelo

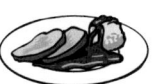

hlavné jedlo

glavno jelo

zákusok

desert

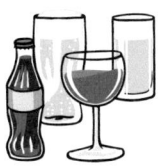

nápoje

napitci

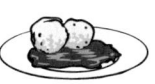

jedlo

jelo

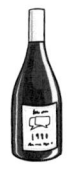

fľaša

boca

fast-food

fastfood

street food

imbis hrana

kanvica na čaj

čajnik

cukornička

doza za šećer

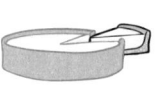

porcia

porcija

stroj na espresso

aparat za espresso

detská stolička

visoka stolica

účet

račun

podnos

pladanj

nôž

nož

vidlička

vilica

lyžica

žlica

čajová lyžička

čajna žlica

obrúsok

ubrus

pohár

čaša

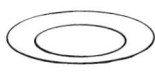

tanier

tanjur

hlboký tanier

tanjur za supu

podšálka

tanjurić

omáčka

sos

soľnička

soljenka

mlynček na korenie

mlin za biber

ocot

ocat

olej

ulje

korenie

začini

kečup

kečap

horčica

senf

majonéza

majoneza

supermarket
supermarket

špeciálna ponuka
ponuda
FOR
klient
kupac
mliečne výrobky
mliječni proizvodi
ovocie
voće
nákupný vozík
kolica za kupnju

BUTCHERS

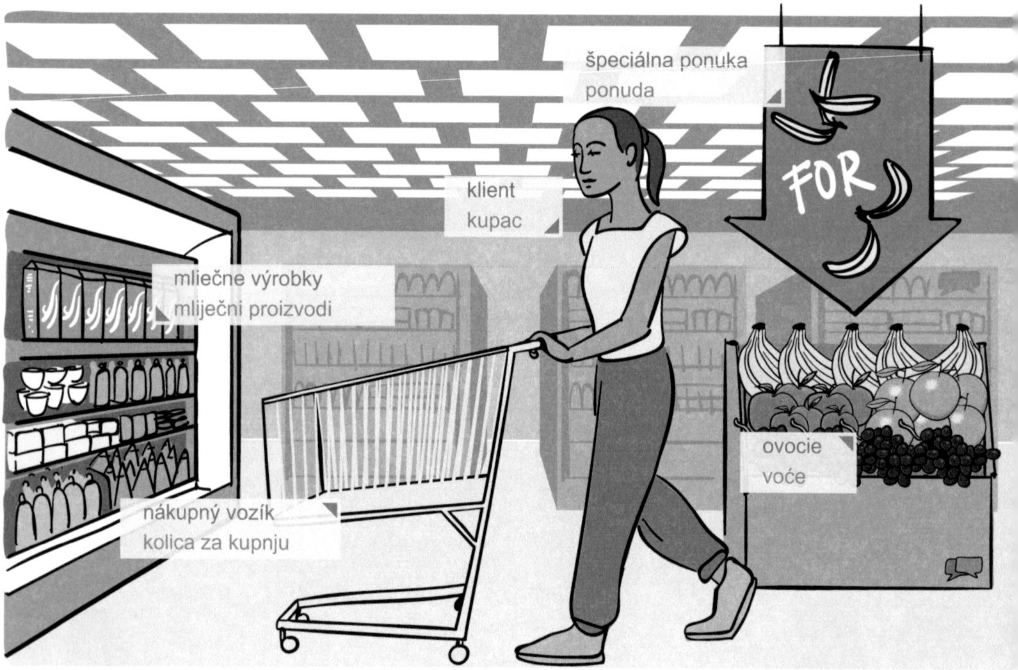

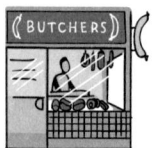

mäsiarstvo

mesnica

BAKERY

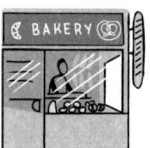

pekáreň

pekarnica

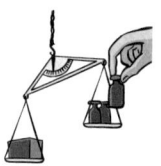

vážiť

vagati

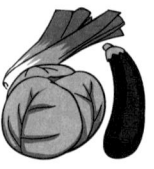

zelenina

povrće

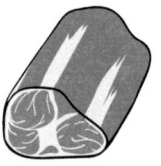

mäso

meso

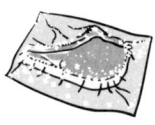

mrazené potraviny

duboko smrznuta hrana

nárez

narezak

konzervy

konzerve

prací prostriedok

sredstvo za pranje

sladkosti

slatkiši

domáce potreby

artikli za domaćinstvo

čistiace prostriedky

sredstva za čišćenje

predavačka

prodavačica

pokladňa

blagajna

pokladník

blagajnik

nákupný zoznam

lista za kupnju

otváracie hodiny

vrijeme rada

peňaženka

novčanik

kreditná karta

kreditna kartica

taška

torba

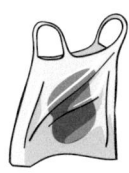

plastové vrecko

plastična vrećica

voda
voda

džús
sok

mlieko
mlijeko

kola
cola

víno
vino

pivo
pivo

alkohol
alkohol

kakao
kakao

čaj
čaj

káva
kava

espresso
espresso

kapučíno
cappuccino

banán

banana

jablko

jabuka

pomaranč

naranča

melón

lubenica

citrón

limun

mrkva

mrkva

cesnak

češnjak

bambus

bambus

cibuľa

luk

hríb

gljiva

orechy

orašasti plodovi

rezance

rezanci

špagety

špagete

ryža

riža

šalát

salata

hranolky

pomfrit

pečené zemiaky

pečeni krumpir

pizza

pica

hamburger

hamburger

obložený chlebík

sendvič

rezeň

šnicla

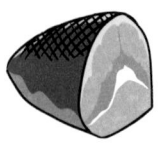

šunka

pršut

saláma

salama

klobása

kobasica

kurča

kokoš

pečené mäso

pečenje

ryba

riba

ovsené vločky

zobene pahuljice

müsli

musli

kukuričné lupienky

kukuruzne pahuljice

múka

brašno

croissant

roščić

pečivo

pecivo

chlieb

kruh

hrianka

toast

sušienky

keksi

maslo

maslac

tvaroh

svježi sir

koláč

kolač

vajce

jaje

volské oko

jaje na oko

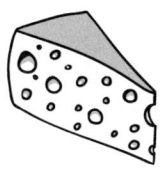

syr

sir

zmrzlina

sladoled

cukor

šećer

med

med

lekvár

marmelada

nugátová nátierka

nugat krema

karí korenie

curry

farma
seosko gazdinstvo

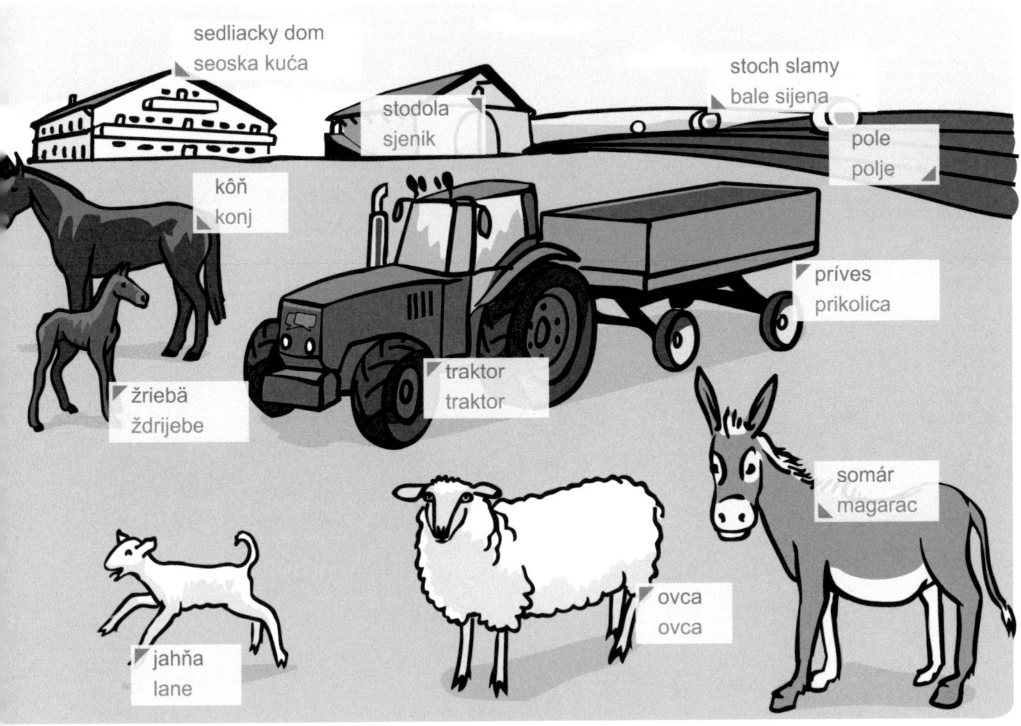

sedliacky dom
seoska kuća
stodola
sjenik
stoch slamy
bale sijena
pole
polje
kôň
konj
príves
prikolica
traktor
traktor
žriebä
ždrijebe
somár
magarac
ovca
ovca
jahňa
lane

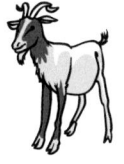

koza
koza

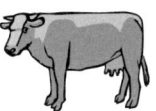

krava
krava

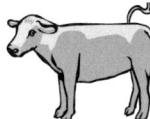

teľa
tele

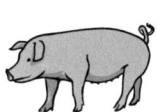

prasa
svinja

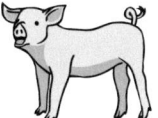

prasiatko
prase

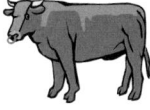

býk
bik

hus

guska

kačica

patka

kuriatko

pilići

sliepka

kokoš

kohút

pijetao

potkan

pacov

mačka

mačka

myš

miš

vôl

vol

pes

pas

psia búda

kućica za psa

záhradná hadica

vrtno crijevo

krhla

kanta za polijevanje

kosa

kosa

pluh

plug

kosák
srp

motyka
motika

vidly na hnoj
vilica za gnojivo

sekera
sjekira

fúrik
tačke

koryto
korito

kanva na mlieko
posuda za mlijeko

vrece
vreća

plot
ograda

maštaľ
štala

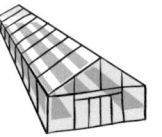

skleník
staklenik

pôda
zemlja

osivo
sjeme

hnojivo
gnojivo

kombajn
kombajn

žať
žanjati

žatva
žetva

batát
yams začin

pšenica
pšenica

sója
soja

zemiak
krumpir

kukurica
kukuruz

repka
uljana repica

ovocný strom
voćka

maniok
gomolj manioke

obilie
žitarice

farma - seosko gazdinstvo

dom
kuća

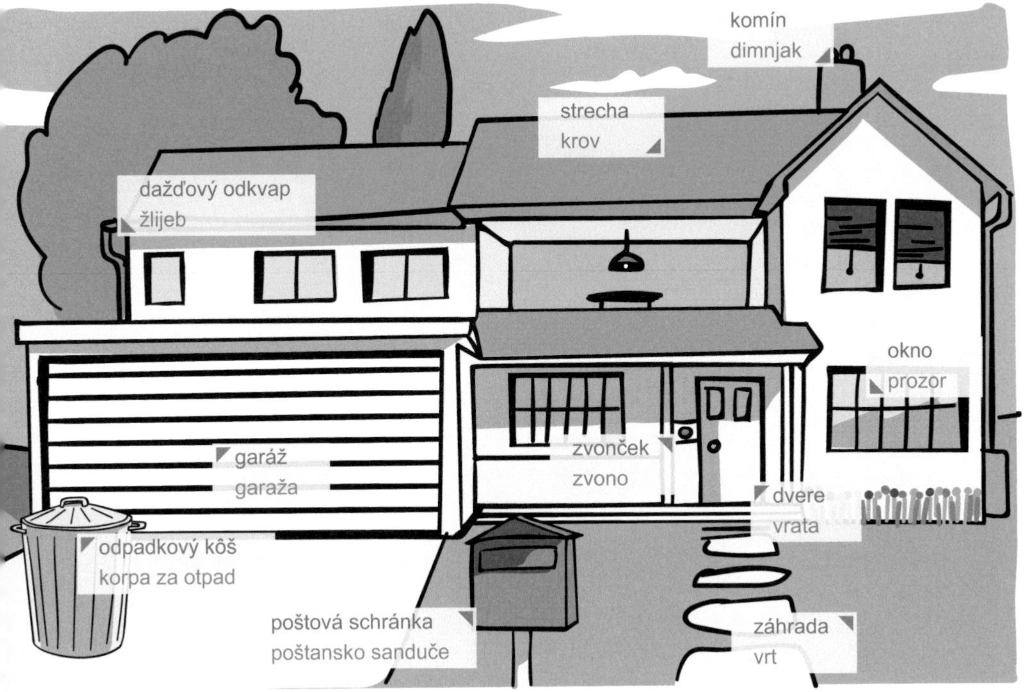

komín
dimnjak
strecha
krov
dažďový odkvap
žlijeb
okno
prozor
zvonček
zvono
garáž
garaža
dvere
vrata
odpadkový kôš
korpa za otpad
poštová schránka
poštansko sanduče
záhrada
vrt

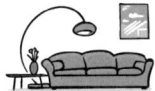

obývačka

dnevna soba

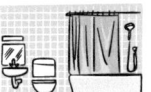

kúpeľňa

kupaonica

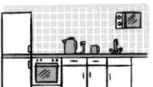

kuchyňa

kuhinja

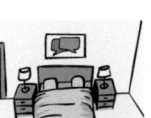

spálňa

spavaća soba

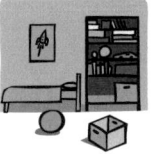

detská izba

dječija soba

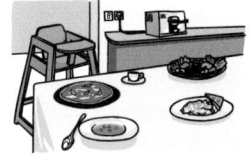

jedáleň

trpezarija

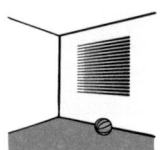

podlaha

pod

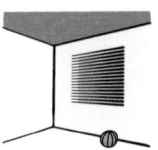

stena

zid

strop

strop

pivnica

podrum

sauna

sauna

balkón

balkon

terasa

terasa

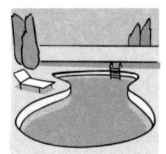

bazén

bazen

kosačka

kosilica za travu

obliečka

posteljina za krevet

posteľná prikrývka

deka za krevet

posteľ

krevet

metla

metla

vedro

kanta

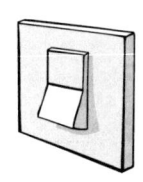

vypínač

sklopka

obývačka

dnevna soba

tapeta
tapeta
obraz
slika
lampa
svjetiljka
regál
regal
skriňa
ormar
televízor
televizija
kozub
kamin
kvet
cvijet
vankúš
jastuk
pohovka
kauč
váza
vaza
diaľkové ovládanie
daljinski upravljač

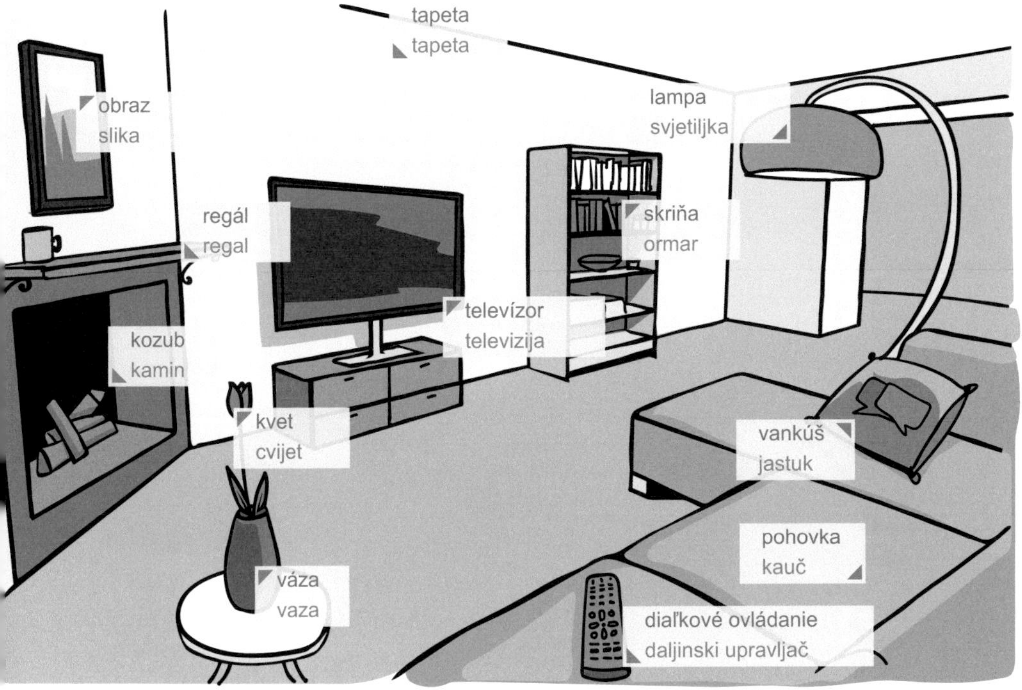

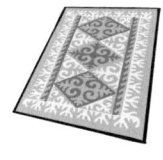

koberec

tepih

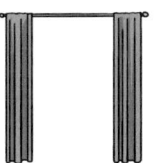

záclona

zavjesa

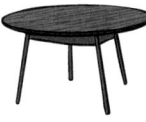

stôl

stol

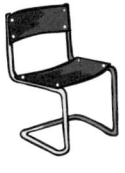

stolička

stolica

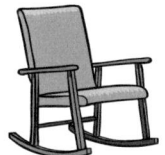

hojdacie kreslo

stolica za njihanje

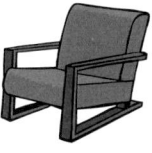

kreslo

fotelja

kniha

knjiga

prikrývka

deka

dekorácia

dekoracija

drevo na kúrenie

drvo za ogrjev

film

film

hi-fi veža

stereo uređaj

kľúč

ključ

noviny

novine

maľba

slika na platnu

plagát

poster

rádio

radio

zápisník

blok za pisanje

vysávač

usisavač

kaktus

kaktus

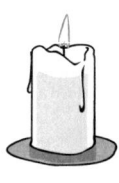

sviečka

svijeća

kuchyňa
kuhinja

chladnička
hladnjak
mikrovlnka
mikrovalna pećnica
kuchynské váhy
kuhinjska vaga
hriankovač
toaster
čistiaci prostriedok
sredstvo za čišćenje
pec
pećnica
mraziarenský box
pretinac za zamrzavanje
odpadkový kôš
korpa za otpad
umývačka riadu
perilica za suđe

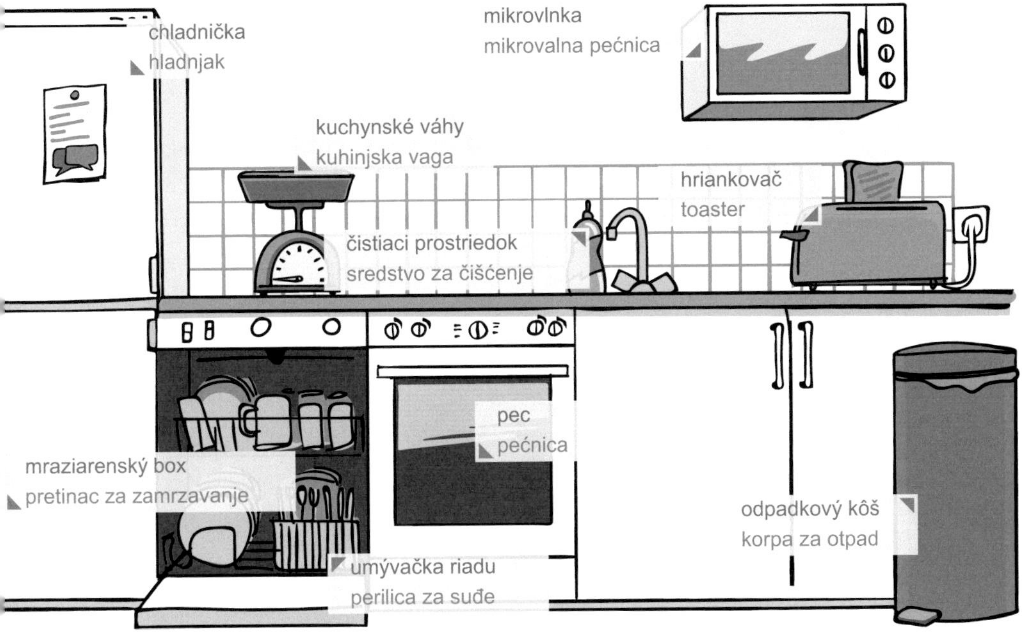

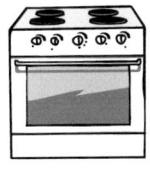

sporák

štednjak

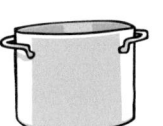

hrniec

lonac

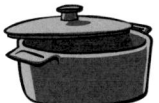

železný hrniec

željezni lonac

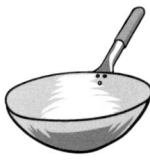

wok / kadai

wok / kadai

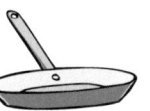

panvica

tava

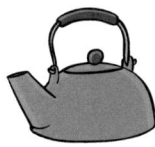

rýchlovarná kanvica

kuhalo za vodu

parný hrniec

kuhalo na paru

plech na pečenie

lim za pečenje

riad

posuđe

pohár

čaša

misa

zdjela

paličky

štapići za jelo

naberačka na polievku

kutljača

stierka

lopatica

metlička

pjenjača

cedidlo

sito za kuhanje

sitko

sito

strúhadlo

ribež

mažiar

mužar

gril

roštilj

ohnisko

ognjište

doska na krájanie

daska

valček na cesto

oklagija

vývrtka

vadičep

konzerva

konzerva

otvárač na konzervy

otvarač konzervi

chňapka

krpa za lonac

výlevka

sudoper

kefa

četka

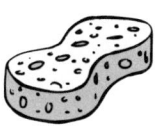

hubka

spužva

mixér

mikser

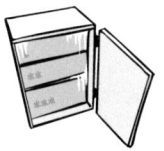

mraznička

zamrzivač

kojenecká fľaša

bočica za bebe

vodovodný kohútik

slavina za vodu

kúpeľňa
kupaonica

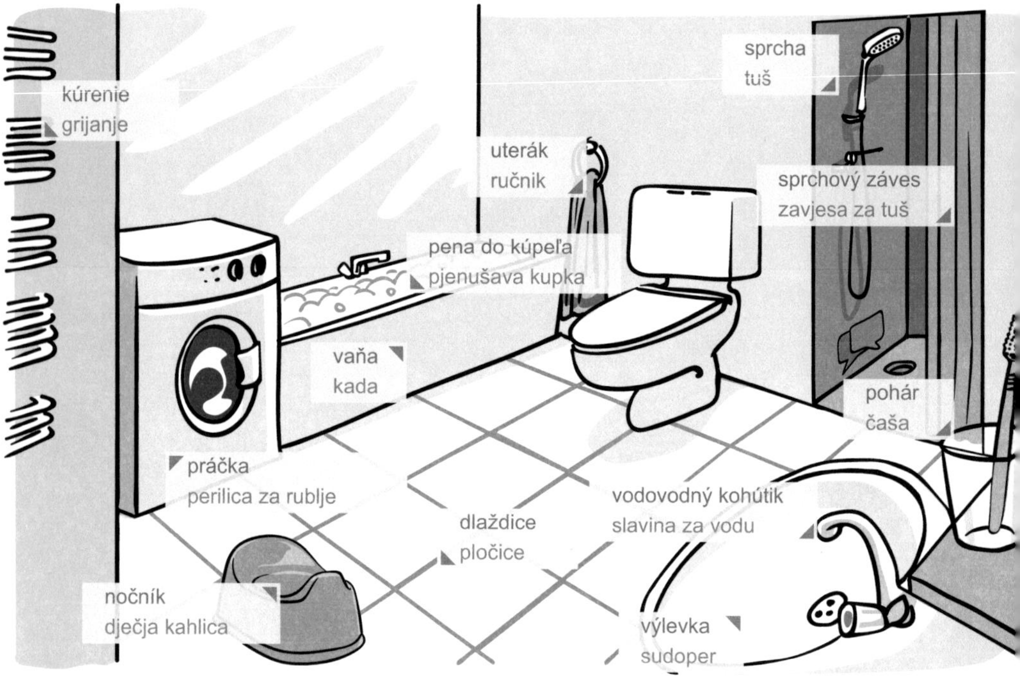

sprcha
tuš
kúrenie
grijanje
uterák
ručnik
sprchový záves
zavjesa za tuš
pena do kúpeľa
pjenušava kupka
vaňa
kada
pohár
čaša
práčka
perilica za rublje
vodovodný kohútik
slavina za vodu
dlaždice
pločice
nočník
dječja kahlica
výlevka
sudoper

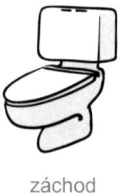

záchod

toalet

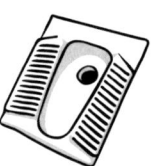

suchý záchod

čučavac

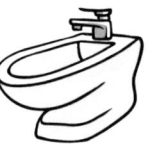

bidet

bidet

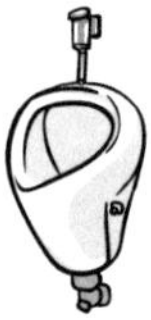

pisoár

pisoar

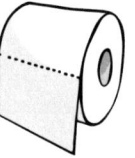

toaletný papier

papir za toalet

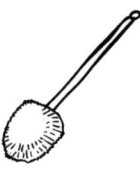

záchodová kefa

četka za toalet

zubná kefka

četkica za zube

zubná pasta

pasta za zube

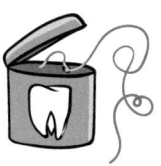

dentálna niť

konac za zube

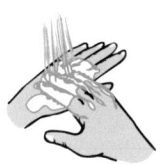

umývať

prati

ručná sprcha

tuš ručica

sprcha pre intímnu hygienu

tuš za pranje intimnih dijelova

umývadlo

lavor

kefa na chrbát

četka za pranje leđa

mydlo

sapun

sprchový gél

gel za tuširanje

šampón

šampon

frotírová rukavica

krpa za pranje

odtok

odvod

krém

krema

dezodorant

dezodorans

zrkadlo

ogledalo

kozmetické zrkadlo

kozmetičko ogledalo

žiletka

brijač

pena na holenie

pjena za brijanje

voda po holení

losion za poslije brijanja

hrebeň

češalj

kefa

četka

sušič vlasov

sušilo za kosu

sprej na vlasy

sprej za kosu

make-up

makeup

rúž

ruž za usne

lak na nechty

lak za nokte

vata

vata

nožnice na nechty

škare za nokte

parfum

parfem

kozmetická taška

neseser

stolček

stolica

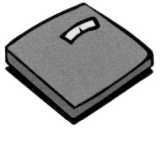

váha

vaga

kúpací plášť

ogrtač

gumové rukavice

rukavice za čišćenje

tampón

tampon

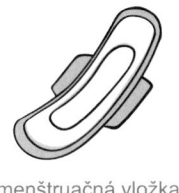

menštruačná vložka

uložak

chemické WC

kemijski toalet

detská izba
dječija soba

budík
budilnik
plyšová hračka
plišana igračka
hračkárske auto
auto igračka
hrkálka
zvečka
domček pre bábiky
kućica za lutke
dar
poklon

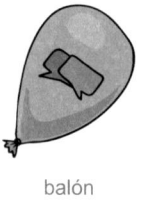

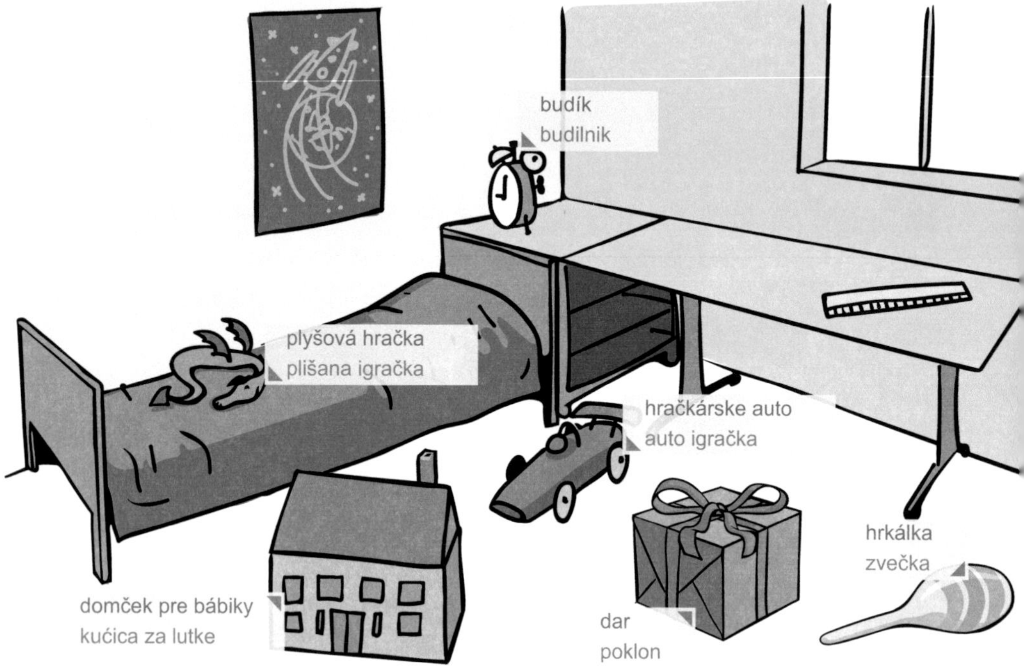

balón

balon

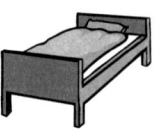

posteľ

krevet

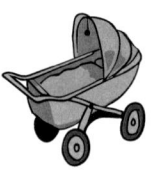

detský kočík

dječija kolica

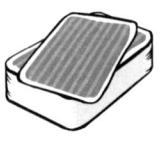

karty

igra s kartama

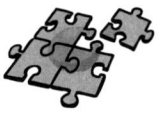

puzzle

slagalica

komix

strip

skladačka lego
....
lego kockice

stavebnica
....
kockice za slaganje

akčná postavička
....
akcioni junak

dupačky
....
kombinezon za bebe

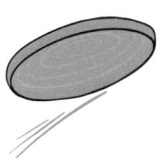

lietajúci tanier
....
frizbi

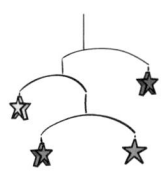

závesné hračky
....
viseće igračke

stolová hra
....
društvene igre

kocka
....
kocka

modelový vláčik
....
minijaturna željeznica

cumlík
....
duda

párty
....
tulum

obrázková kniha
....
slikovnica

lopta
....
lopta

bábika
....
lutka

hrať sa
....
igrati

pieskovisko

pješčanik

hojdačka

ljuljačka

hračky

igračka

hracia konzola

konzola za igre

trojkolka

tricikl

medvedík

plišani medo

šatník

ormar

šatstvo
odjeća

ponožky

kratke čarape

pančuchy

čarape

pančuchové nohavičky

hulahopke

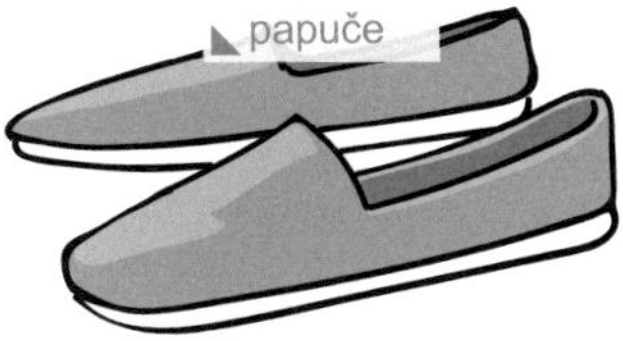

šál
šal

dáždnik
kišobran

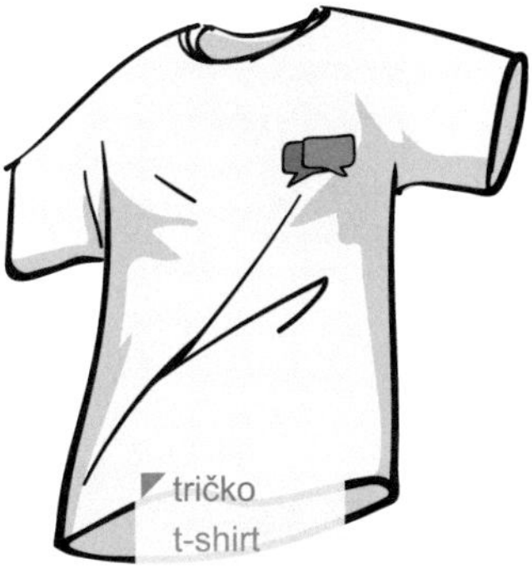

tričko
t-shirt

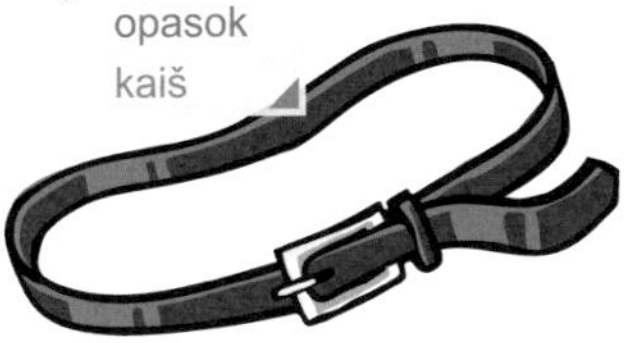

opasok
kaiš

čižmy
čizme

papuče
papuče

tenisky
patike

sandále
....
sandale

topánky
....
cipele

gumáky
....
gumene čizme

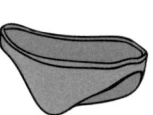

spodky
....
gaćice

podprsenka
....
grudnjak

tielko
....
potkošulja

šatstvo - odjeća

45

body
bodi

nohavice
hlače

džínsy
džins

sukňa
haljina

blúzka
bluza

košeľa
košulja

pulóver
džemper

sveter
pulover s kapuljačom

blejzer
blejzer

bunda
jakna

kabát
kaput

pršiplášť
kabanica

kostým
kostim

šaty
haljina

svadobné šaty
vjenčanica

oblek

odijelo

nočná košeľa

spavaćica

pyžamo

pidžama

sari

sari

šatka na hlavu

rubac

turban

turban

burka

burka

kaftan

kaftan

abaja

abaja

dvojdielne plavky

kupaći kostim

plavky

kupaće gaćice

šortky

kratke hlače

tepláková súprava

odjeća za trening

zástera

pregača

rukavice

rukavice

gombík

gumb

okuliare

naočale

náramok

narukvica

retiazka

ogrlica

prsteň

prsten

náušnica

naušnica

čiapka

kapa

vešiak

vješalica

klobúk

šešir

kravata

kravata

zips

patent zatvarač

prilba

kaciga

traky

naramenice

školská uniforma

školska uniforma

uniforma

uniforma

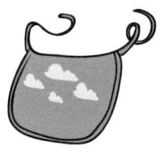

podbradník
podbradak

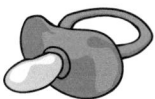

cumlík
duda

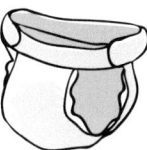

plienka
pelena

kancelária
ured

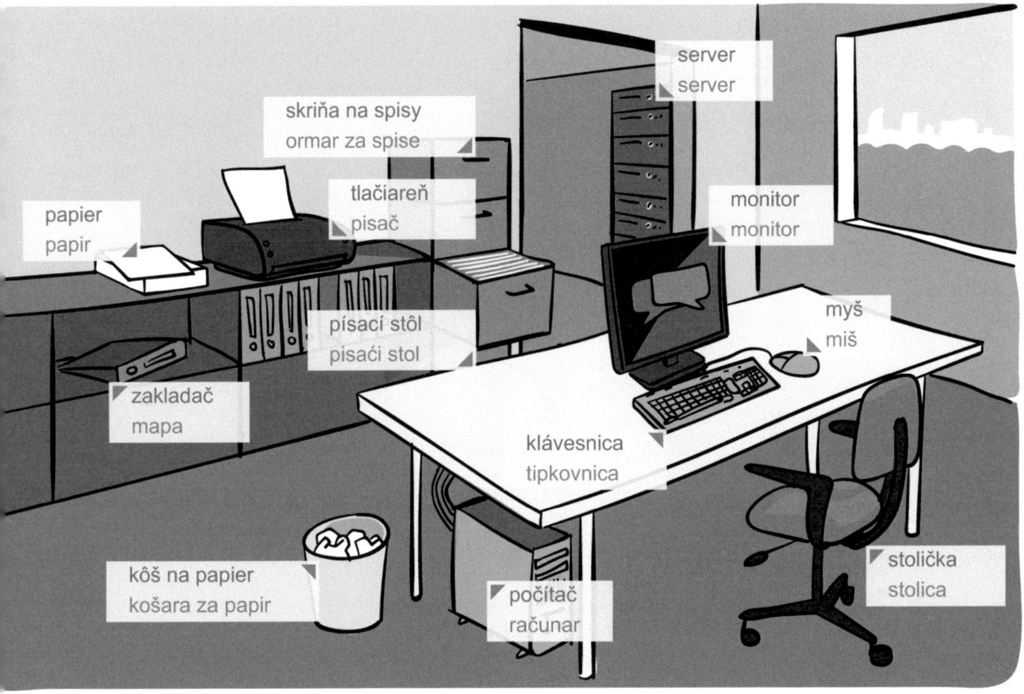

server
server
skriňa na spisy
ormar za spise
papier
papir
tlačiareň
pisač
monitor
monitor
myš
miš
písací stôl
pisaći stol
zakladač
mapa
klávesnica
tipkovnica
stolička
stolica
kôš na papier
košara za papir
počítač
računar

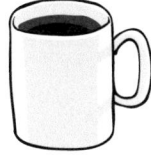

hrnček na kávu
šalica za kavu

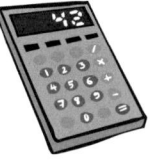

kalkulačka
kalkulator

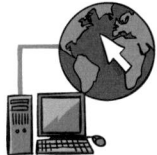

internet
internet

laptop

laptop

list

pismo

správa

poruka

mobil

mobilni telefon

sieť

mreža

kopírka

uređaj za kopiranje

softvér

softver

telefón

telefon

elektrická zásuvka

utičnica

fax

faks

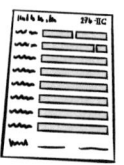

formulár

obrazac

doklad

dokument

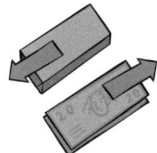

kúpiť

kupovati

platiť

platiti

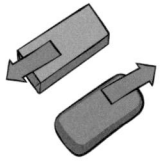

obchodovať

trgovati

peniaze

novac

dolár

dolar

euro

euro

jen

jen

rubeľ

rubalj

švajčiarsky frank

švicarski franak

čínsky jüan

renmindbi yuan

rupia

rupija

bankomat

automat za novac

zmenáreň

mjenjačnica

zlato

zlato

striebro

srebro

ropa

nafta

energia

energija

cena

cijena

zmluva

ugovor

daň

porez

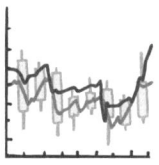

akcia

dionica

pracovať

raditi

zamestnanec

služenik

zamestnávateľ

poslodavac

továreň

tvornica

obchod

prodavaonica

povolania
zanimanja

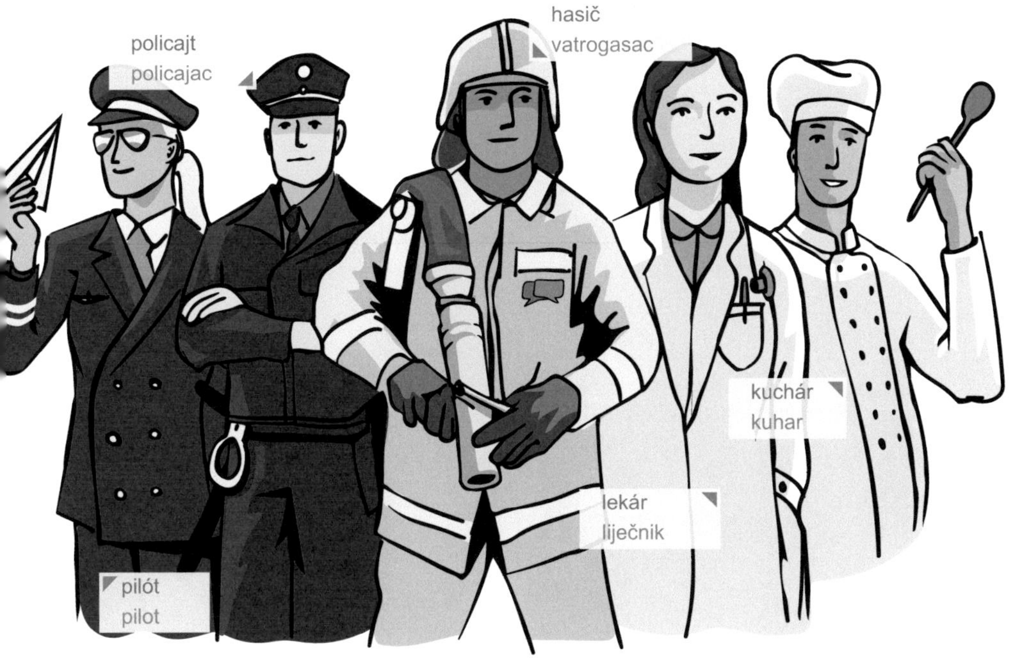
hasič
vatrogasac
policajt
policajac
kuchár
kuhar
lekár
liječnik
pilót
pilot

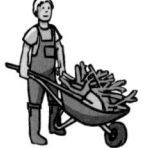

záhradník
vrtlar

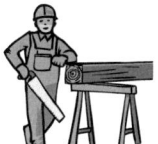

stolár
stolar

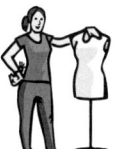

krajčírka
krojačica

sudca
sudija

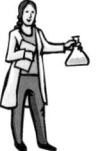

chemik
kemičar

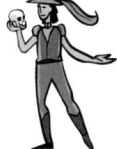

herec
glumac

vodič autobusu

vozač autobusa

taxikár

vozač taksija

rybár

ribar

upratovačka

čistačica

pokrývač

krovopokrivač

čašník

konobar

poľovník

lovac

maliar

slikar

pekár

pekar

elektrikár

električar

stavebný robotník

građevinski radnik

inžinier

inženjer

mäsiar

mesar

klampiar

limar

poštár

poštar

vojak

vojnik

architekt

arhitekta

pokladník

blagajnik

kvetinár

cvjećar

kaderník

frizer

sprievodca

kondukter

mechanik

mehaničar

kapitán

kapetan

zubár

zubar

vedec

znanstvenik

rabín

rabi

imám

imam

mních

monah

farár

svećenik

náradie
alati

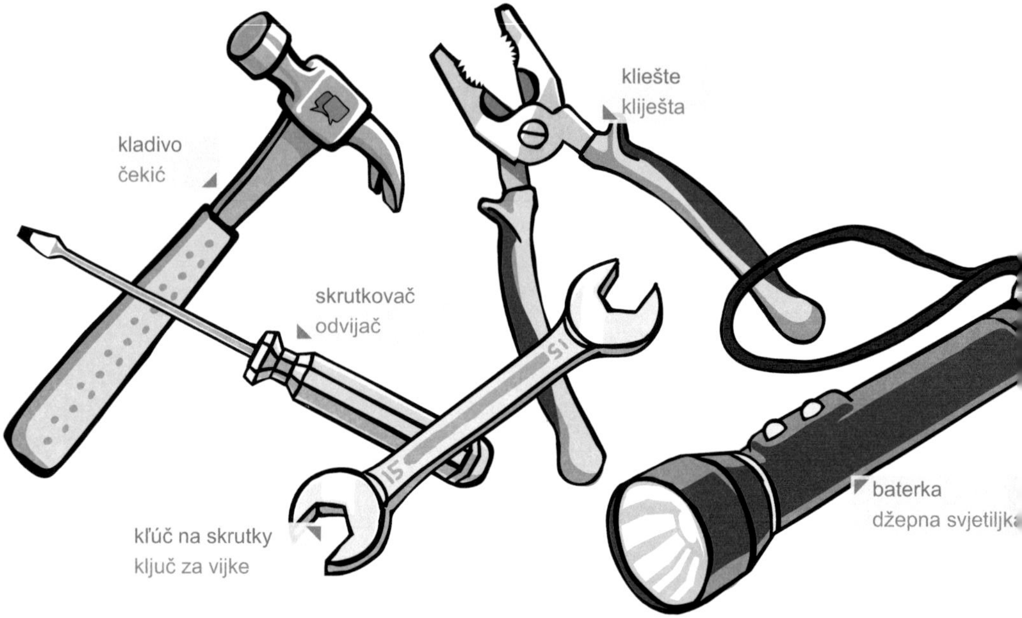
kladivo
čekić
kliešte
kliješta
skrutkovač
odvijač
kľúč na skrutky
ključ za vijke
baterka
džepna svjetiljka

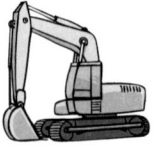

bager

rovokopač

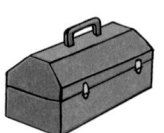

súprava náradia

kutija za alat

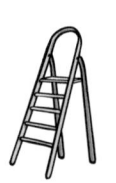

rebrík

ljestve

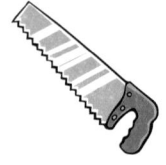

pílka

pila

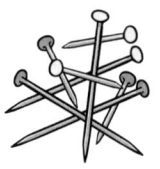

klince

ekser

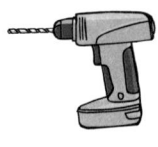

vrták

bušilica

opraviť
popraviti

lopata
lopata

Do čerta!
Sranje!

lopatka na smeti
lopatica

nádoba s farbou
lonac za boju

skrutky
vijci

hudobné nástroje
glazbeni instrument

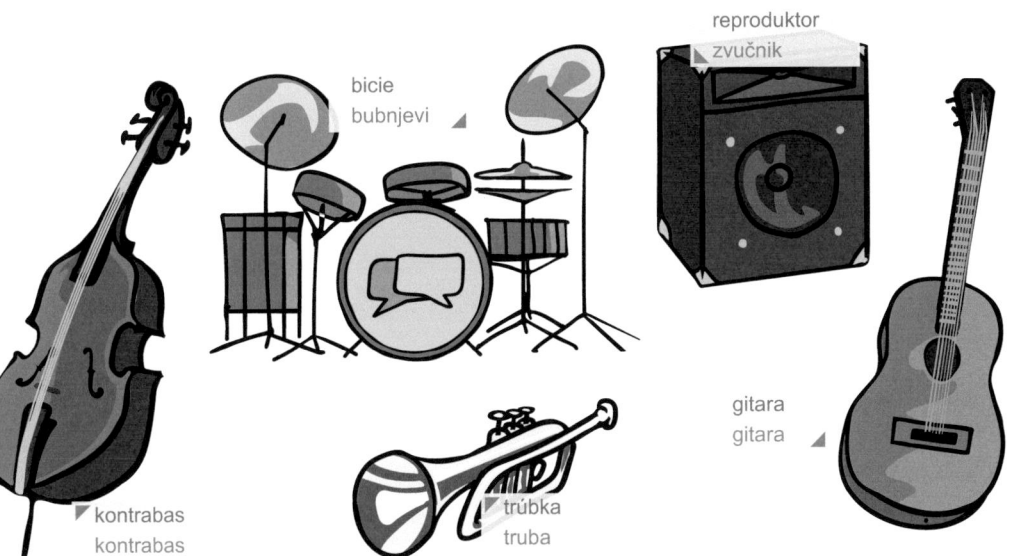

reproduktor
zvučnik

bicie
bubnjevi

gitara
gitara

kontrabas
kontrabas

trúbka
truba

klavír

klavir

husle

violina

basa

bas

tympany

timpani

bubon

udaraljke za bubnjeve

klávesnica

keyboard

saxofón

saksofon

flauta

flauta

mikrofón

mikrofon

ZOO

zoološki vrt

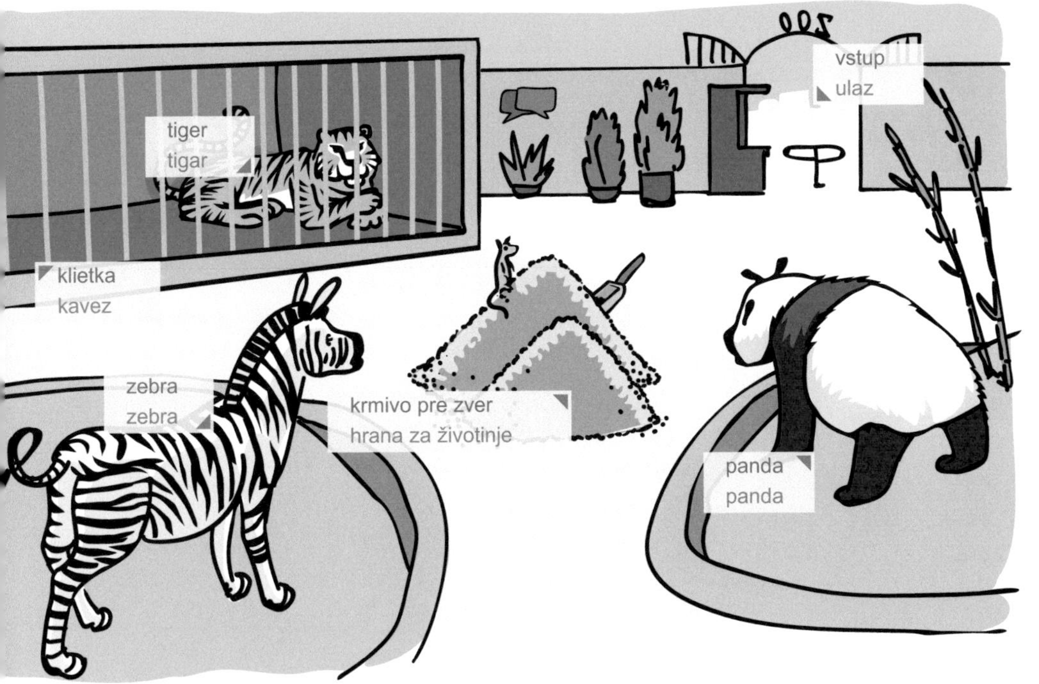

zoo
vstup
ulaz
tiger
tigar
klietka
kavez
zebra
zebra
krmivo pre zver
hrana za životinje
panda
panda

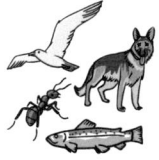

zvieratá

životinje

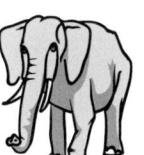

slon

slon

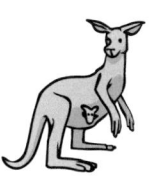

klokan

kengur

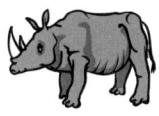

nosorožec

nosorog

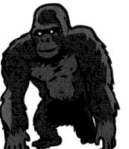

gorila

gorila

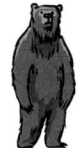

medveď

medvjed

ťava

kamila

pštros

noj

lev

lav

opica

majmun

plameniak

flamingo

papagáj

papagaj

ľadový medveď

polarni medvjed

tučniak

pingvin

žralok

ajkula

páv

paun

had

zmija

krokodíl

krokodil

ošetrovateľ v ZOO

čuvar u zoološkom vrtu

tuleň

tuljan

jaguár

jaguar

poník

poni

leopard

leopard

hroch

nilski konj

žirafa

žirafa

orol

orao

diviak

divlja svinja

ryba

riba

korytnačka

kornjača

mrož

morž

líška

lisica

gazela

gazela

americký futbal
americki nogomet

cyklistika
biciklizam

tenis
tenis

basketbal
košarka

plávanie
plivanje

box
boks

hokej
hockey na ledu

futbal	bedminton	ľahká atletika
nogomet	badminton	atletika
hádzaná	lyžovanie	pólo
rukomet	skijanje	polo

aktivity
aktivnosti

smiať sa
smijati se

skočiť
skočiti

objať
zagrliti

chodiť
ići

spievať
pjevati

snívať
sanjati

modliť sa
moliti se

pobozkať
poljubiti

písať
pisati

kresliť
crtati

ukázať
pokazati

tlačiť
gurati

dať
dati

brať
uzeti

aktivity - aktivnosti

mať

imati

robiť

činiti

byť

biti

stáť

stojati

bežať

trčati

ťahať

povlačiti

hádzať

baciti

padnúť

padati

ležať

ležati

čakať

čekati

nosiť

nositi

sedieť

sjediti

obliecť sa

oblačiti

spať

spavati

zobudiť sa

probuditi se

pozerať

gledati

plakať

plakati

hladkať

milovati

česať

češljati

hovoriť

govoriti

rozumieť

razumjeti

pýtať sa

pitati

počuť

slušati

piť

piti

jesť

jesti

upratať

pospremiti

milovať

voljeti

variť

kuhati

jazdiť

voziti

letieť

letjeti

plachtiť

ploviti

počítať

računati

čítať

čitati

učiť sa

učiti

pracovať

raditi

oženiť

vjenčati se

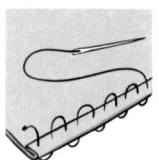

šiť

šiti

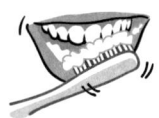

čistiť zuby

prati zube

zabiť

ubiti

fajčiť

pušiti

poslať

poslati

rodina
obitelj

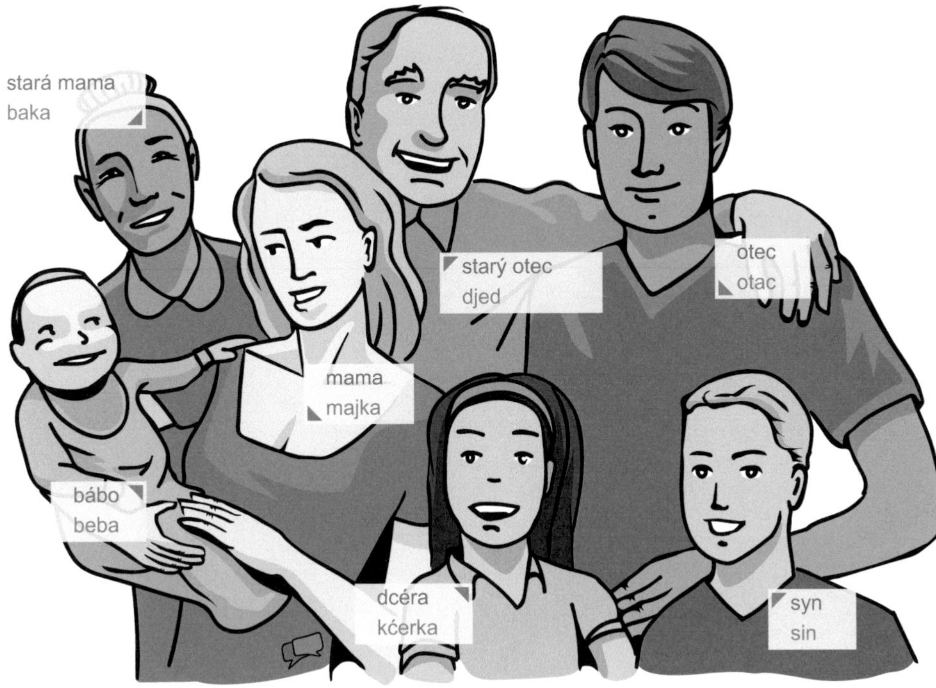

stará mama
baka
starý otec
djed
otec
otac
mama
majka
bábo
beba
dcéra
kćerka
syn
sin

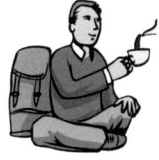

hosť

gost

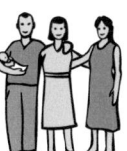

teta

tetka

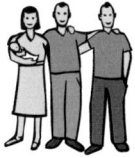

strýko

ujak, stric

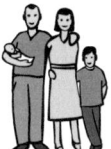

brat

brat

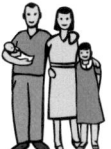

sestra

sestra

telo
tijelo

čelo
čelo
oko
oko
plece
rame
prst
prst
tvár
lice
brada
brada
ruka
ruka
hruď
grudi
noha
noga
rameno
ruka

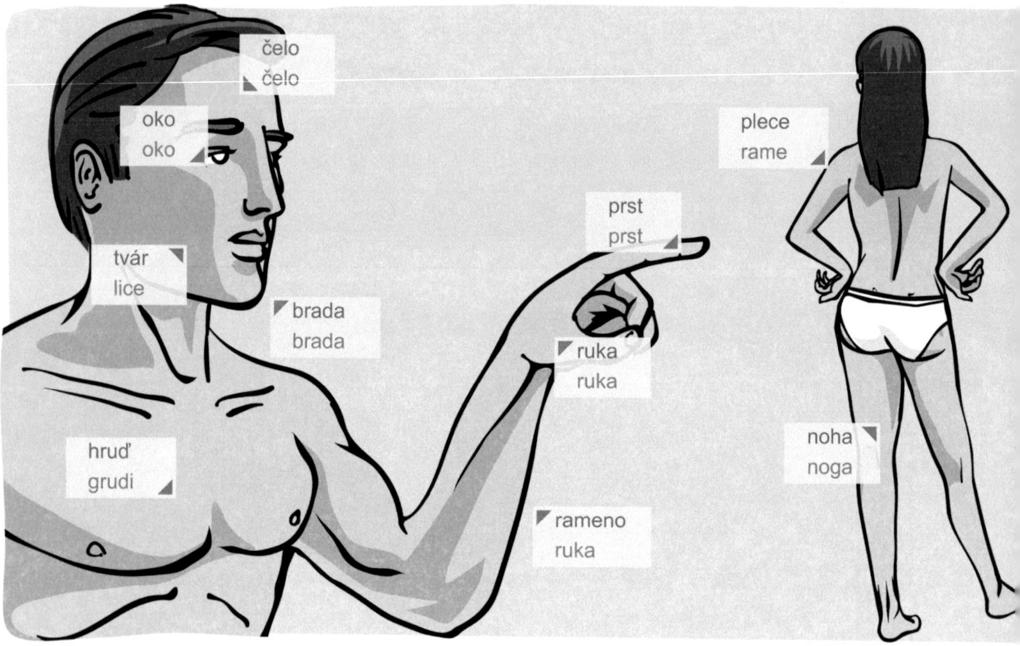

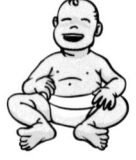

bábo
beba

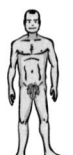

muž
muškarac

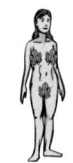

žena
žena

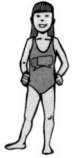

dievča
djevojčica

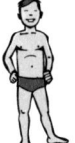

chlapec
dječak

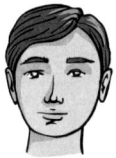

hlava
glava

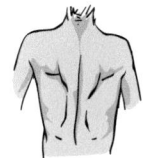

chrbát
....
leđa

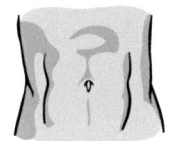

brucho
....
trbuh

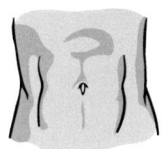

pupok
....
pupak

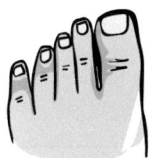

prst na nohe
....
nožni prst

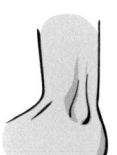

päta
....
peta

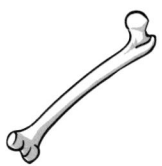

kosť
....
kost

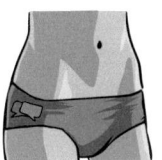

bok
....
kuk

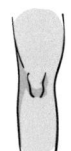

koleno
....
koljeno

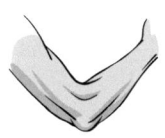

lakeť
....
lakat

nos
....
nos

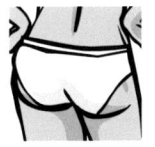

zadok
....
stražnjica

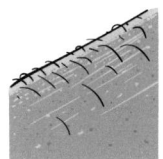

koža
....
koža

líce
....
obraz

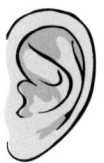

ucho
....
uho

pery
....
usna

telo - tijelo

ústa

usta

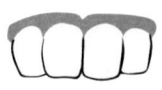

zub

zub

jazyk

jezik

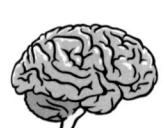

mozog

mozak

srdce

srce

svaly

mišić

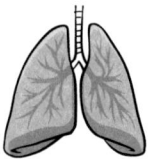

pľúca

pluća

pečeň

jetra

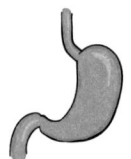

žalúdok

želudac

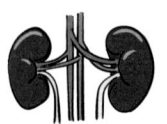

obličky

bubrezi

pohlavný styk

snošaj

kondóm

kondom

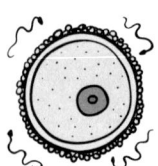

vaječná bunka

jajna stanica

semeno

sperma

tehotenstvo

trudnoća

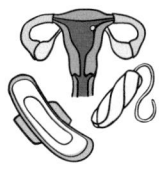

menštruácia

menstruacija

vagína

vagina

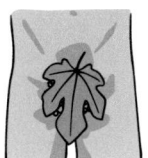

penis

penis

obočie

obrva

vlasy

kosa

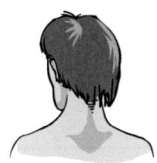

krk

vrat

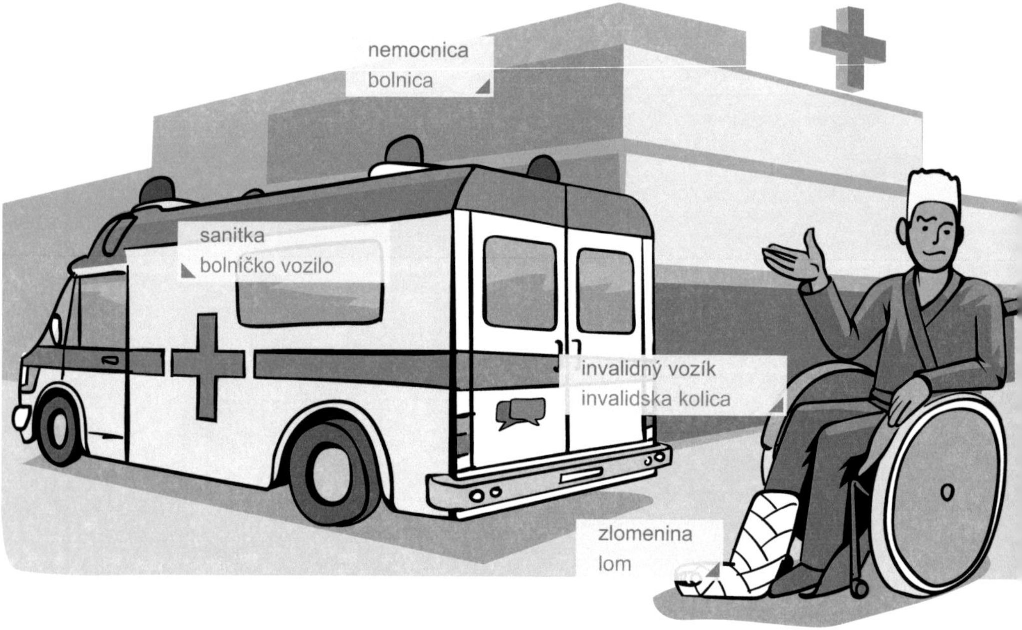

nemocnica
bolnica

nemocnica
bolnica
sanitka
bolničko vozilo
invalidný vozík
invalidska kolica
zlomenina
lom

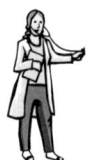

lekár

lliječnik

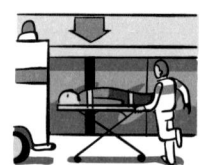

urgentný príjem

hitna medicinska služba

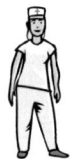

sestrička

medicinska sestra

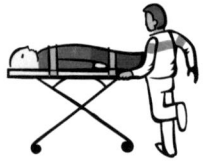

urgentný prípad

hitni slučaj

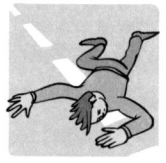

v bezvedomí

nesvijest

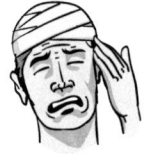

bolesť

bol

zranenie

ozljeda

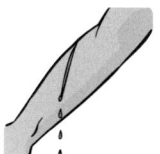

krvácanie

krvarenje

srdcový infarkt

srčani infarkt

mozgová porážka

moždani udar

alergia

alergija

kašeľ

kašalj

teplota

groznica

chrípka

gripa

hnačka

proljev

bolesť hlavy

glavobolja

rakovina

rak

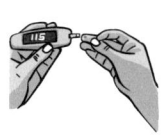

cukrovka

dijabetes

chirurg

kirurg

skalpel

skalpel

operácia

operacija

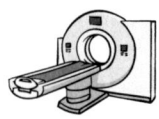

CT
ct

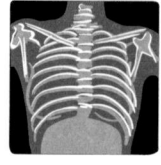

RTG
rentgen

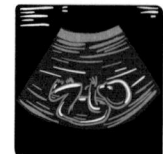

ultrazvuk
ultrazvuk

maska
maska

choroba
bolest

čakáreň
čekaonica

barla
štaka

náplasť
flaster

obväz
zavoj

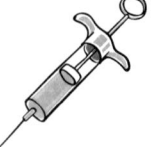

injekcia
injekcija

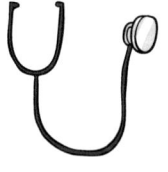

fonendoskop
stetoskop

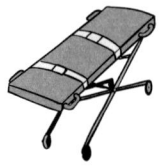

nosidlá
nosilo

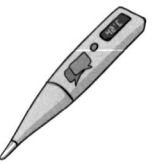

teplomer
termometar

pôrod
rođenje

nadváha
prekomjerna težina

nemocnica - bolnica

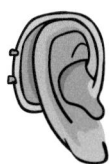

audiofón

slušni aparat

dezinfekčný prostriedok

sredstvo za dezinfekciju

infekcia

infekcija

vírus

virus

HIV / AIDS

hiv / sida

medicína

medicina

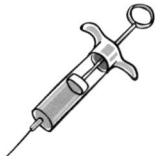

očkovanie

vakcinacija

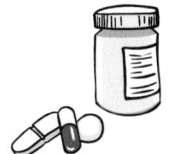

tabletky

tablete

antikoncepčná pilulka

pilula

tiesňové volanie

poziv u pomoć

tlakomer

uređaj za mjerenje tlaka

chorý / zdravý

bolesno / zdravo

Pomoc!

pomoć!

alarm

alarm

prepad

nasrtaj

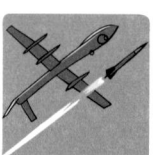

útok

napad

nebezpečenstvo

opasnost

núdzový východ

izlaz za nuždu

Horí!

požar!

hasičský prístroj

vatrogasni aparat

nehoda

nezgoda

kufrík prvej pomoci

kofer prve pomoći

SOS

sos

polícia

policija

Európa

Europa

Severná Amerika

sjeverna amerika

Južná Amerika

južna amerika

Afrika

Afrika

Ázia

Azija

Austrália

Australija

Atlantický oceán

Atlantik

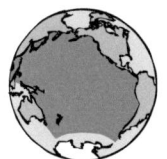

Tichý oceán

Pacifik

Indický oceán

ocean

Južný oceán

antarktički ocean

Severný ľadový oceán

arktički ocean

Severný pól

sjeverni pol

Južný pól
....
južni pol

Antarktída
....
Antarktik

Zem
zemlja

krajina
....
zemlja

more
....
more

ostrov
....
otok

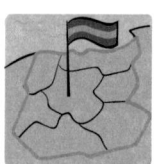

národ
....
nacija

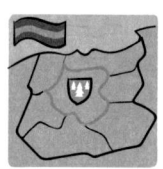

štát
....
država

ciferník

brojčanik sata

hodinová ručička

satna kazaljka

minútová ručička

minutna kazaljka

sekundová ručička

sekundna kazaljka

Koľko je hodín?

Koliko je sati?

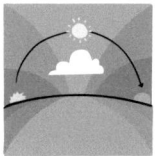

deň

dan

čas

vrijeme

teraz

sada

digitálne hodiny

digitalni sat

minúta

minuta

hodina

sat

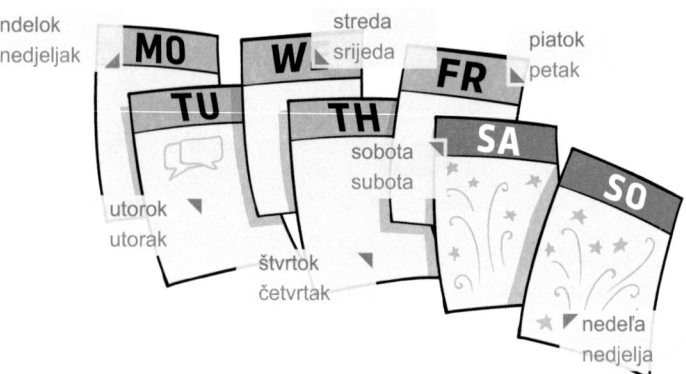

pondelok
ponedjeljak

streda
srijeda

piatok
petak

utorok
utorak

sobota
subota

štvrtok
četvrtak

nedeľa
nedjelja

včera

jučer

dnes

danas

zajtra

sutra

ráno

jutro

poludnie

podne

večer

večer

MO	TU	WE	TH	FR	SA	SU
1	2	3	4	5	6	7
8	9	10	11	12	13	14
15	16	17	18	19	20	21
22	23	24	25	26	27	28
29	30	31	1	2	3	4

pracovné dni

radni dani

MO	TU	WE	TH	FR	SA	SU
1	2	3	4	5	6	7
8	9	10	11	12	13	14
15	16	17	18	19	20	21
22	23	24	25	26	27	28
29	30	31	1	2	3	4

víkend

vikend

dážď
kiša

dúha
duga

vietor
vjetar

sneh
snijeg

jar
proljeće

jeseň
jesen

leto
ljeto

zima
zima

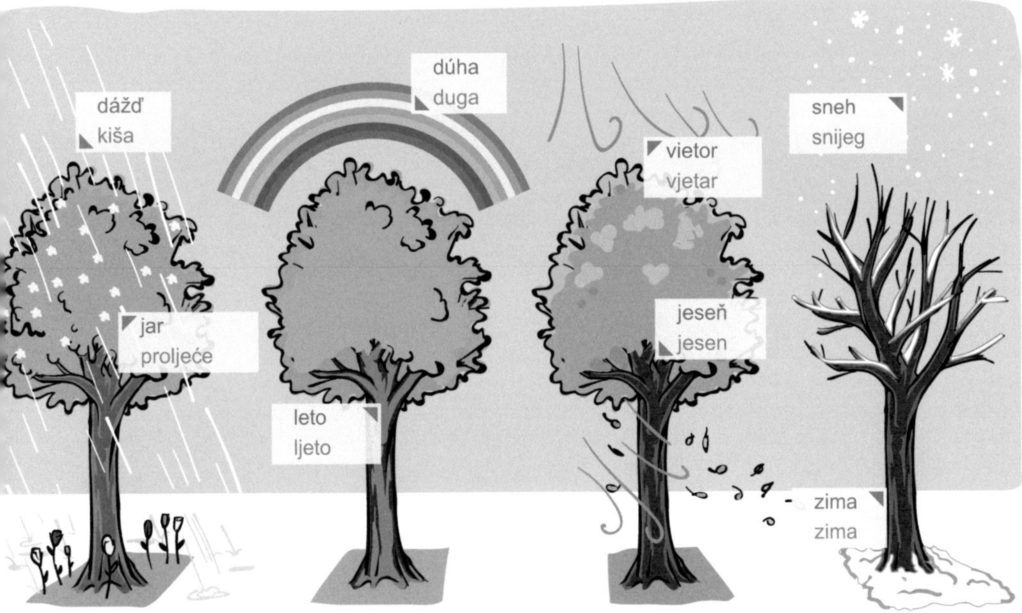

predpoveď počasia

meteorološka prognoza

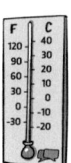

teplomer

termometar

slnečný svit

sunčana svjetlost

oblak

oblak

hmla

magla

vlhkosť vzduchu

vlažnost zraka

blesk

munja

hrom

grmljavina

búrka

oluja

krúpy

tuča

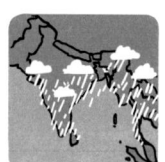

monzún

monsun

záplava

poplava

ľad

led

január

siječanj

február

veljača

marec

ožujak

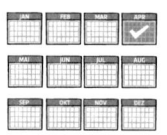

apríl

travanj

máj

svibanj

jún

lipanj

júl

srpanj

august

kolovoz

rok - godina

september
rujan

október
listopad

november
studeni

december
prosinac

tvary
oblici

kruh
krug

štvorec
kvadrat

obdĺžnik
pravokutnik

trojuholník
trokut

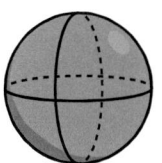

guľa
kugla

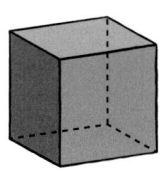

kocka
kocka

biela

bijela

žltá

žuta

oranžová

narančasta

ružová

ružičasta

červená

crvena

fialová

ljubičasta

modrá

plava

zelená

zelena

hnedá

smeđa

šedá

siva

čierna

crna

veľa / málo

mnogo / malo

zúrivý / pokojný

ljutito / mirno

pekný / škaredý

lijepo / ružno

začiatok / koniec

početak / kraj

veľký / malý

veliko / maleno

svetlý / tmavý

svijetlo / tamno

brat / sestra

brat / sestra

čistý / špinavý

čisto / prljavo

úplný / neúplný

potpuno / nepotpuno

deň / noc

dan / noć

mŕtvy / živý

mrtvo / živo

široký / úzky

široko / usko

chutný / nechutný

jestivo / nejestivo

zlostný / láskavý

zlo / dobro

vzrušený / unudený

uzbuđeno / dosadno

tlstý / chudý

debelo / mršavo

prvý / posledný

na početku / na kraju

priateľ / nepriateľ

prijatelj / neprijatelj

plný / prázdny

puno / prazno

tvrdý / mäkký

tvrdo / mekano

ťažký / ľahký

teško / lagano

hlad / smäd

glad / žeđ

chorý / zdravý

bolesno / zdravo

nelegálny / legálny

ilegalno / legalno

inteligentný / hlúpy

pametno / glupo

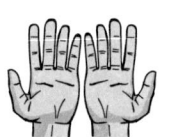

vľavo / vpravo

lijevo / desno

blízko / ďaleko

blizu / daleko

nový / použitý

novo / rabljeno

nič / niečo

ništa / nešto

starý / mladý

staro / mlado

zapnuté / vypnuté

uključeno / isključeno

otvorené / zatvorené

otvoreno / zatvoreno

tichý / hlasný

tiho / glasno

bohatý / chudobný

bogato / siromašno

správne / nesprávne

točno / pogrešno

drsný / hladký

hrapavo / glatko

smutný / šťastný

tužno / sretno

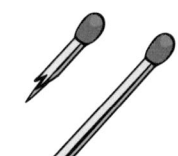

krátky / dlhý

kratko / dugo

pomaly / rýchlo

polako / brzo

mokrý / suchý

mokro / suho

teplý / studený

toplo / hladno

vojna / mier

rat / mir

0

nula

nula

1

jeden

jedan

2

dva

dva

3

tri

tri

4

štyri

četiri

5

päť

pet

6

šesť

šest

7

sedem

sedam

8

osem

osam

9

deväť

devet

10

desať

deset

11

jedenásť

jedanaest

12

dvanásť
dvanaest

13

trinásť
trinaest

14

štrnásť
četrnaest

15

pätnásť
petnaest

16

šestnásť
šestnaest

17

sedemnásť
sedamnaest

18

osemnásť
osamnaest

19

devätnásť
devetnaest

20

dvadsať
dvadeset

100

sto
stotinu

1.000

tisíc
tisuću

1.000.000

milión
milijun

angličtina

engleski

americká angličtina

američko engleski

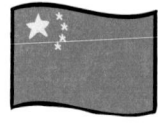

mandarínska čínština

kinesko mandarinski

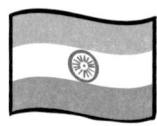

hindčina

hindi

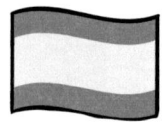

španielčina

španjolski

francúzština

francuski

arabčina

arapski

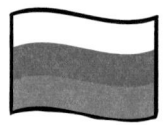

ruština

ruski

portugalčina

portugalski

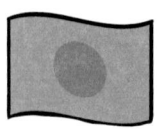

bengálčina

bengalski

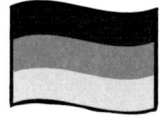

nemčina

njemački

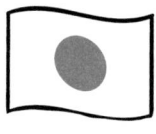

japončina

japanski

ja
ja

ty
ti

on/ona/ono
on / ona / ono

my
mi

vy
vi

oni
oni

kto?
tko?

čo?
što?

ako?
kako?

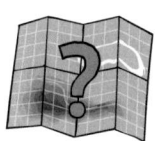

kde?
gdje?

kedy?
kada?

meno
ime

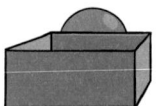

za

iza

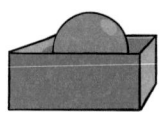

v

u

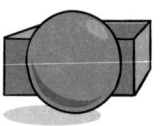

pred

ispred

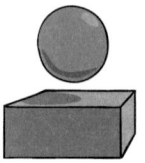

nad

preko

na

na

pod

ispod

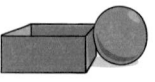

vedľa

pored

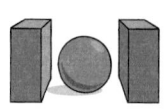

medzi

između

miesto

mjesto